50 Placeres de la Repostería: Recetas Dulces y Saladas

Por: Kelly Johnson

Table of Contents

- Tarta de manzana
- Brownies de chocolate
- Galletas de avena y pasas
- Pan de queso
- Cupcakes de vainilla
- Empanadas de carne
- Muffins de arándanos
- Quiche de espinacas y queso
- Pastel de zanahoria
- Pan dulce con nueces
- Croissants caseros
- Tartaletas de frutas
- Panecillos de ajo
- Cheesecake clásico
- Rollos de canela
- Scones salados con queso
- Flan de vainilla

- Empanadillas de pollo
- Magdalenas de limón
- Focaccia con hierbas
- Tarta de queso y frambuesa
- Panecillos rellenos de jamón y queso
- Bizcocho de chocolate
- Pastel de ricota y espinacas
- Galletas de mantequilla
- Quiche Lorraine
- Donuts glaseados
- Tarta de pera y almendra
- Panecillos de calabaza
- Croquetas de jamón
- Pastel de coco y piña
- Tartaletas saladas de champiñones
- Mousse de chocolate
- Pan de aceitunas
- Tarta tatin de manzana
- Empanadas de queso y cebolla

- Bizcocho de naranja
- Pan de plátano
- Muffins salados de bacon y queso
- Flan de café
- Galletas de jengibre
- Pan integral con semillas
- Tarta de frutos rojos
- Quiche de calabacín y queso de cabra
- Brownies de chocolate blanco
- Panecillos de chorizo
- Pastel de almendra y miel
- Croissants rellenos de chocolate
- Magdalenas de zanahoria
- Empanadas de espinacas y ricota

Tarta de manzana

Ingredientes:

- Masa para tarta
- 4 manzanas peladas y en rodajas
- 100 g de azúcar
- 1 cucharadita de canela
- Jugo de medio limón

Instrucciones:

1. Coloca la masa en un molde para tarta.
2. Mezcla las manzanas con azúcar, canela y limón.
3. Rellena la masa con la mezcla.
4. Hornea a 180°C por 40 minutos.

Brownies de chocolate

Ingredientes:

- 200 g de chocolate negro
- 150 g de mantequilla
- 200 g de azúcar
- 3 huevos
- 100 g de harina

Instrucciones:

1. Derrite el chocolate con mantequilla.
2. Añade azúcar y huevos, mezcla bien.
3. Incorpora la harina.
4. Hornea a 180°C por 25 minutos.

Galletas de avena y pasas

Ingredientes:

- 150 g de avena
- 100 g de harina
- 100 g de azúcar
- 100 g de mantequilla
- 1 huevo
- 100 g de pasas

Instrucciones:

1. Mezcla mantequilla con azúcar y huevo.
2. Añade avena, harina y pasas.
3. Forma bolitas y coloca en una bandeja.
4. Hornea a 180°C por 15 minutos.

Pan de queso

Ingredientes:

- 250 g de harina
- 150 g de queso rallado
- 100 ml de leche
- 1 huevo
- 1 cucharadita de polvo de hornear

Instrucciones:

1. Mezcla todos los ingredientes hasta formar una masa.
2. Forma bollos pequeños.
3. Hornea a 180°C por 20 minutos.

Cupcakes de vainilla

Ingredientes:

- 200 g de harina
- 150 g de azúcar
- 100 g de mantequilla
- 2 huevos
- 100 ml de leche
- 1 cucharadita de esencia de vainilla
- 1 cucharadita de polvo de hornear

Instrucciones:

1. Bate mantequilla con azúcar.
2. Añade huevos y esencia de vainilla.
3. Incorpora harina y polvo de hornear alternando con leche.
4. Hornea a 180°C por 20 minutos.

Empanadas de carne

Ingredientes:

- Masa para empanadas
- 300 g de carne picada
- 1 cebolla picada
- 1 diente de ajo
- Sal, pimienta y comino

Instrucciones:

1. Sofríe la cebolla y el ajo.
2. Añade la carne, salpimienta y cocina hasta dorar.
3. Rellena la masa con la mezcla.
4. Cierra y hornea a 200°C por 25 minutos.

Muffins de arándanos

Ingredientes:

- 200 g de harina
- 150 g de azúcar
- 100 g de mantequilla
- 2 huevos
- 100 ml de leche
- 100 g de arándanos
- 1 cucharadita de polvo de hornear

Instrucciones:

1. Mezcla harina y polvo de hornear.
2. Bate mantequilla con azúcar y huevos.
3. Añade la mezcla seca alternando con leche.
4. Incorpora los arándanos.
5. Hornea a 180°C por 20 minutos.

Quiche de espinacas y queso

Ingredientes:

- Masa para tarta
- 200 g de espinacas cocidas y picadas
- 150 g de queso rallado
- 3 huevos
- 200 ml de crema de leche
- Sal, pimienta y nuez moscada

Instrucciones:

1. Coloca la masa en un molde.
2. Mezcla huevos, crema, queso y espinacas.
3. Salpimienta y añade nuez moscada.
4. Vierte la mezcla sobre la masa.
5. Hornea a 180°C por 35 minutos.

Pastel de zanahoria

Ingredientes:

- 300 g de zanahoria rallada
- 250 g de harina
- 200 g de azúcar
- 3 huevos
- 150 ml de aceite
- 1 cucharadita de polvo de hornear
- 1 cucharadita de canela

Instrucciones:

1. Bate huevos con azúcar y aceite.
2. Añade harina, polvo de hornear y canela.
3. Incorpora zanahoria rallada.
4. Hornea a 180°C por 40 minutos.

Pan dulce con nueces

Ingredientes:

- 500 g de harina
- 100 g de azúcar
- 200 ml de leche tibia
- 25 g de levadura fresca
- 100 g de mantequilla
- 2 huevos
- 150 g de nueces picadas
- 1 pizca de sal

Instrucciones:

1. Disuelve la levadura en la leche tibia.
2. Mezcla harina, azúcar, sal, huevos, mantequilla y la mezcla de levadura.
3. Amasa hasta obtener una masa suave.
4. Incorpora las nueces.
5. Deja reposar hasta que doble su tamaño.
6. Forma un pan, deja reposar 30 minutos más.
7. Hornea a 180°C por 35-40 minutos.

Croissants caseros

Ingredientes:

- 500 g de harina
- 250 ml de leche tibia
- 50 g de azúcar
- 10 g de sal
- 25 g de levadura fresca
- 300 g de mantequilla fría
- 1 huevo para barnizar

Instrucciones:

1. Prepara una masa con harina, leche, azúcar, sal y levadura.
2. Deja reposar hasta que duplique tamaño.
3. Estira la masa y coloca mantequilla fría encima.
4. Dobla la masa en forma de tríptico y estira varias veces para hacer capas.
5. Corta en triángulos y enrolla formando croissants.
6. Deja reposar y barniza con huevo.
7. Hornea a 200°C por 15-20 minutos.

Tartaletas de frutas

Ingredientes:

- Masa quebrada para tartaletas
- Crema pastelera
- Frutas frescas variadas (fresas, kiwi, arándanos, etc.)
- Mermelada para brillo

Instrucciones:

1. Hornea la masa quebrada en moldes pequeños.
2. Rellena con crema pastelera.
3. Decora con frutas frescas.
4. Barniza con mermelada diluida para dar brillo.

Panecillos de ajo

Ingredientes:

- 500 g de harina
- 300 ml de agua tibia
- 10 g de levadura fresca
- 4 dientes de ajo picados
- 50 g de mantequilla
- Sal y perejil picado

Instrucciones:

1. Disuelve levadura en agua.
2. Mezcla harina, sal y añade el agua con levadura.
3. Amasa y deja reposar hasta que doble tamaño.
4. Forma panecillos, mezcla mantequilla con ajo y perejil.
5. Unta la mezcla sobre los panecillos.
6. Hornea a 200°C por 20 minutos.

Cheesecake clásico

Ingredientes:

- 200 g de galletas trituradas
- 100 g de mantequilla derretida
- 600 g de queso crema
- 200 g de azúcar
- 3 huevos
- 200 ml de crema para batir
- 1 cucharadita de esencia de vainilla

Instrucciones:

1. Mezcla galletas con mantequilla y presiona en el fondo del molde.
2. Bate queso crema con azúcar hasta cremoso.
3. Añade huevos uno a uno, crema y vainilla.
4. Vierte sobre la base.
5. Hornea a 160°C por 50-60 minutos.
6. Deja enfriar y refrigera.

Rollos de canela

Ingredientes:

- 500 g de harina
- 200 ml de leche tibia
- 50 g de azúcar
- 25 g de levadura fresca
- 100 g de mantequilla
- 2 huevos
- Relleno: azúcar, canela y mantequilla

Instrucciones:

1. Mezcla harina, azúcar, levadura, leche, mantequilla y huevos.
2. Deja reposar hasta que doble tamaño.
3. Estira la masa, unta mantequilla y espolvorea azúcar con canela.
4. Enrolla y corta en porciones.
5. Hornea a 180°C por 20 minutos.

Scones salados con queso

Ingredientes:

- 300 g de harina
- 100 g de queso rallado
- 1 cucharadita de polvo de hornear
- 100 ml de leche
- 50 g de mantequilla
- 1 huevo

Instrucciones:

1. Mezcla harina, polvo de hornear y queso.
2. Agrega mantequilla fría y mezcla con las manos.
3. Añade huevo y leche, forma una masa.
4. Corta en triángulos y hornea a 200°C por 15 minutos.

Flan de vainilla

Ingredientes:

- 500 ml de leche
- 4 huevos
- 150 g de azúcar
- 1 cucharadita de esencia de vainilla
- Caramelo líquido para el molde

Instrucciones:

1. Prepara caramelo líquido y cubre el molde.
2. Bate huevos con azúcar y vainilla.
3. Añade leche tibia poco a poco.
4. Vierte en el molde.
5. Cocina al baño maría en horno a 180°C por 45 minutos.
6. Deja enfriar y desmolda.

Empanadillas de pollo

Ingredientes:

- Masa para empanadillas
- 300 g de pollo cocido y desmenuzado
- 1 cebolla picada
- 1 diente de ajo
- Sal, pimienta y pimentón dulce

Instrucciones:

1. Sofríe ajo y cebolla.
2. Añade pollo, salpimienta y pimentón.
3. Rellena la masa con la mezcla.
4. Cierra las empanadillas y sella los bordes.
5. Fríe o hornea a 200°C por 20 minutos.

Magdalenas de limón

Ingredientes:

- 250 g de harina
- 200 g de azúcar
- 3 huevos
- 125 ml de aceite
- 125 ml de leche
- Ralladura y jugo de 1 limón
- 1 cucharadita de polvo de hornear

Instrucciones:

1. Bate huevos con azúcar hasta que blanqueen.
2. Añade aceite, leche, ralladura y jugo de limón.
3. Incorpora harina con polvo de hornear tamizada.
4. Llena moldes para magdalenas y hornea a 180°C por 20 minutos.

Focaccia con hierbas

Ingredientes:

- 500 g de harina
- 350 ml de agua tibia
- 10 g de levadura fresca
- 2 cucharadas de aceite de oliva
- Sal gruesa
- Hierbas frescas (romero, tomillo)

Instrucciones:

1. Disuelve levadura en agua.
2. Mezcla harina, agua con levadura y aceite. Amasa.
3. Deja reposar hasta que doble tamaño.
4. Extiende en bandeja, agrega aceite, sal y hierbas.
5. Hornea a 220°C por 20-25 minutos.

Tarta de queso y frambuesa

Ingredientes:

- Base: galletas trituradas y mantequilla
- Relleno: 400 g queso crema, 150 g azúcar, 3 huevos, 200 ml crema
- Frambuesas frescas para decorar

Instrucciones:

1. Presiona mezcla de galletas y mantequilla en molde.
2. Bate queso con azúcar, añade huevos y crema.
3. Vierte sobre la base y hornea a 160°C por 50 minutos.
4. Decora con frambuesas.

Panecillos rellenos de jamón y queso

Ingredientes:

- Masa de pan básica
- Jamón en lonchas
- Queso en lonchas

Instrucciones:

1. Divide la masa en porciones.
2. Coloca jamón y queso en cada porción y cierra formando bollos.
3. Deja reposar y hornea a 180°C por 20 minutos.

Bizcocho de chocolate

Ingredientes:

- 200 g de harina
- 200 g de azúcar
- 75 g de cacao en polvo
- 3 huevos
- 150 ml de leche
- 150 ml de aceite
- 1 cucharadita de polvo de hornear

Instrucciones:

1. Mezcla harina, cacao y polvo de hornear.
2. Bate huevos con azúcar, añade leche y aceite.
3. Incorpora mezcla seca y mezcla bien.
4. Hornea a 180°C por 35 minutos.

Pastel de ricota y espinacas

Ingredientes:

- Masa para tarta
- 300 g de ricota
- 200 g de espinacas cocidas y picadas
- 3 huevos
- Sal y pimienta

Instrucciones:

1. Coloca la masa en molde.
2. Mezcla ricota, espinacas, huevos, sal y pimienta.
3. Vierte la mezcla sobre la masa.
4. Hornea a 180°C por 40 minutos.

Galletas de mantequilla

Ingredientes:

- 250 g de harina
- 150 g de mantequilla
- 100 g de azúcar
- 1 huevo
- 1 cucharadita de esencia de vainilla

Instrucciones:

1. Bate mantequilla con azúcar.
2. Añade huevo y esencia de vainilla.
3. Incorpora harina y mezcla hasta formar masa.
4. Forma bolitas y hornea a 180°C por 15 minutos.

Quiche Lorraine

Ingredientes:

- Masa quebrada
- 200 g de tocino en tiras
- 3 huevos
- 200 ml de crema
- 150 g de queso rallado
- Sal y pimienta

Instrucciones:

1. Hornea masa quebrada parcialmente.
2. Sofríe tocino y colócalo sobre la masa.
3. Mezcla huevos, crema, queso, sal y pimienta.
4. Vierte la mezcla y hornea a 180°C por 35 minutos.

Donuts glaseados

Ingredientes:

- 500 g de harina
- 100 g de azúcar
- 250 ml de leche tibia
- 25 g de levadura fresca
- 50 g de mantequilla
- 2 huevos
- Glaseado: azúcar glas y agua o leche

Instrucciones:

1. Mezcla harina, azúcar, levadura, leche, mantequilla y huevos.
2. Deja reposar hasta que doble tamaño.
3. Estira masa y corta círculos con un agujero en el centro.
4. Fríe en aceite caliente hasta dorar.
5. Baña con glaseado.

Tarta de pera y almendra

Ingredientes:

- Masa quebrada
- 4 peras peladas y cortadas en láminas
- 100 g de almendra molida
- 100 g de azúcar
- 100 g de mantequilla
- 2 huevos
- 1 cucharadita de esencia de vainilla

Instrucciones:

1. Coloca la masa en un molde para tartas.
2. Bate mantequilla con azúcar, añade huevos, almendra molida y vainilla.
3. Vierte la mezcla sobre la masa.
4. Coloca las peras en láminas encima.
5. Hornea a 180°C por 40 minutos.

Panecillos de calabaza

Ingredientes:

- 500 g de harina
- 200 g de puré de calabaza
- 100 ml de leche tibia
- 25 g de levadura fresca
- 50 g de azúcar
- 50 g de mantequilla
- 1 huevo
- 1 pizca de sal

Instrucciones:

1. Disuelve la levadura en la leche tibia.
2. Mezcla harina, azúcar, sal, puré de calabaza, huevo, mantequilla y levadura.
3. Amasa hasta obtener una masa suave.
4. Deja reposar hasta que doble su tamaño.
5. Forma panecillos y deja reposar 30 minutos más.
6. Hornea a 180°C por 25 minutos.

Croquetas de jamón

Ingredientes:

- 150 g de jamón picado
- 50 g de mantequilla
- 70 g de harina
- 500 ml de leche
- Nuez moscada
- Sal y pimienta
- Pan rallado
- 2 huevos
- Aceite para freír

Instrucciones:

1. Derrite mantequilla y añade harina, cocina 2 minutos.
2. Agrega leche poco a poco sin dejar de remover.
3. Cocina hasta espesar.
4. Añade jamón, sal, pimienta y nuez moscada.
5. Refrigera hasta enfriar.
6. Forma croquetas, pásalas por huevo y pan rallado.
7. Fríe en aceite caliente hasta dorar.

Pastel de coco y piña

Ingredientes:

- 200 g de harina
- 150 g de azúcar
- 3 huevos
- 100 ml de leche de coco
- 100 g de piña en trozos
- 50 g de coco rallado
- 1 cucharadita de polvo de hornear

Instrucciones:

1. Bate huevos con azúcar.
2. Añade leche de coco, piña y coco rallado.
3. Incorpora harina con polvo de hornear.
4. Hornea a 180°C por 35 minutos.

Tartaletas saladas de champiñones

Ingredientes:

- Masa quebrada
- 300 g de champiñones picados
- 1 cebolla picada
- 2 huevos
- 150 ml de crema
- Sal y pimienta

Instrucciones:

1. Sofríe cebolla y champiñones.
2. Bate huevos con crema, sal y pimienta.
3. Coloca masa en moldes, añade mezcla de champiñones y la mezcla de huevo.
4. Hornea a 180°C por 30 minutos.

Mousse de chocolate

Ingredientes:

- 200 g de chocolate negro
- 3 huevos (separar claras y yemas)
- 50 g de azúcar
- 200 ml de crema para batir

Instrucciones:

1. Derrite chocolate al baño maría.
2. Bate las yemas con el azúcar.
3. Incorpora chocolate al batido de yemas.
4. Monta la crema y las claras a punto de nieve.
5. Mezcla suavemente todo y refrigera 4 horas.

Pan de aceitunas

Ingredientes:

- 500 g de harina
- 300 ml de agua tibia
- 25 g de levadura fresca
- 150 g de aceitunas negras picadas
- 2 cucharadas de aceite de oliva
- Sal

Instrucciones:

1. Disuelve levadura en agua.
2. Mezcla harina, sal, aceite, agua con levadura.
3. Añade aceitunas y amasa.
4. Deja reposar hasta que doble tamaño.
5. Hornea a 220°C por 30 minutos.

Tarta tatin de manzana

Ingredientes:

- 6 manzanas peladas y cortadas en cuartos
- 150 g de azúcar
- 100 g de mantequilla
- Masa quebrada

Instrucciones:

1. Derrite mantequilla y azúcar en sartén hasta formar caramelo.
2. Añade manzanas y cocina 10 minutos.
3. Coloca masa encima de las manzanas.
4. Hornea a 180°C por 30 minutos.
5. Deja enfriar un poco y desmolda.

Empanadas de queso y cebolla

Ingredientes:

- Masa para empanadas
- 200 g de queso rallado
- 1 cebolla picada y caramelizada
- Sal y pimienta

Instrucciones:

1. Mezcla queso con cebolla caramelizada, sal y pimienta.
2. Rellena masa con la mezcla.
3. Cierra y sella los bordes.
4. Hornea a 200°C por 20 minutos o fríe hasta dorar.

Bizcocho de naranja

Ingredientes:

- 250 g de harina
- 200 g de azúcar
- 3 huevos
- 100 ml de aceite
- 150 ml de jugo de naranja
- Ralladura de 1 naranja
- 1 cucharadita de polvo de hornear

Instrucciones:

1. Bate los huevos con azúcar hasta que estén espumosos.
2. Añade el aceite, jugo y ralladura de naranja.
3. Incorpora la harina y el polvo de hornear tamizados.
4. Vierte en molde engrasado y hornea a 180°C por 35-40 minutos.

Pan de plátano

Ingredientes:

- 3 plátanos maduros machacados
- 200 g de harina
- 150 g de azúcar
- 1 huevo
- 100 ml de aceite
- 1 cucharadita de polvo de hornear
- 1 pizca de sal

Instrucciones:

1. Mezcla plátanos, huevo, azúcar y aceite.
2. Añade harina, polvo de hornear y sal.
3. Vierte en molde para pan y hornea a 180°C por 50 minutos.

Muffins salados de bacon y queso

Ingredientes:

- 200 g de harina
- 2 huevos
- 100 ml de leche
- 100 g de bacon picado y frito
- 100 g de queso rallado
- 1 cucharadita de polvo de hornear
- Sal y pimienta

Instrucciones:

1. Mezcla harina con polvo de hornear, sal y pimienta.
2. Bate huevos con leche, añade bacon y queso.
3. Incorpora la mezcla seca.
4. Llena moldes y hornea a 180°C por 20 minutos.

Flan de café

Ingredientes:

- 500 ml de leche
- 4 huevos
- 150 g de azúcar
- 2 cucharadas de café soluble

Instrucciones:

1. Disuelve el café en un poco de leche caliente.
2. Mezcla el resto de leche con huevos y azúcar.
3. Añade el café disuelto.
4. Vierte en molde con caramelo y hornea al baño maría a 180°C por 50 minutos.

Galletas de jengibre

Ingredientes:

- 250 g de harina
- 100 g de azúcar moreno
- 100 g de mantequilla
- 1 huevo
- 2 cucharaditas de jengibre en polvo
- 1 cucharadita de canela
- 1 cucharadita de bicarbonato

Instrucciones:

1. Bate mantequilla con azúcar.
2. Añade huevo, jengibre y canela.
3. Incorpora harina y bicarbonato.
4. Forma bolitas, aplástalas y hornea a 180°C por 12 minutos.

Pan integral con semillas

Ingredientes:

- 400 g de harina integral
- 100 g de harina de trigo
- 350 ml de agua tibia
- 25 g de levadura fresca
- 50 g de mezcla de semillas (girasol, sésamo, lino)
- 1 cucharadita de sal

Instrucciones:

1. Disuelve la levadura en el agua.
2. Mezcla las harinas, sal, semillas y agua con levadura.
3. Amasa y deja reposar hasta que doble volumen.
4. Forma el pan y hornea a 220°C por 30-35 minutos.

Tarta de frutos rojos

Ingredientes:

- Masa quebrada
- 300 g de frutos rojos (fresas, frambuesas, arándanos)
- 100 g de azúcar
- 2 cucharadas de maicena
- 1 cucharadita de jugo de limón

Instrucciones:

1. Coloca la masa en molde y precocina 10 minutos a 180°C.
2. Mezcla frutos con azúcar, maicena y jugo de limón.
3. Vierte sobre la masa y hornea 30 minutos más.

Quiche de calabacín y queso de cabra

Ingredientes:

- Masa quebrada
- 2 calabacines rallados
- 3 huevos
- 200 ml de crema
- 150 g de queso de cabra desmenuzado
- Sal y pimienta

Instrucciones:

1. Prehornea la masa 10 minutos a 180°C.
2. Mezcla huevos, crema, sal, pimienta, calabacín y queso.
3. Vierte sobre la masa y hornea 35 minutos.

Brownies de chocolate blanco

Ingredientes:

- 200 g de chocolate blanco
- 150 g de mantequilla
- 200 g de azúcar
- 3 huevos
- 150 g de harina
- 1 cucharadita de polvo de hornear

Instrucciones:

1. Derrite chocolate blanco con mantequilla.
2. Bate huevos con azúcar.
3. Añade mezcla de chocolate, luego harina y polvo de hornear.
4. Hornea a 170°C por 25-30 minutos.

Panecillos de chorizo

Ingredientes:

- 500 g de harina
- 250 ml de agua tibia
- 25 g de levadura fresca
- 1 cucharadita de sal
- 200 g de chorizo picado
- 1 huevo para pintar

Instrucciones:

1. Disuelve la levadura en el agua tibia.
2. Mezcla la harina con la sal, agrega el agua con levadura y amasa hasta obtener una masa suave.
3. Deja reposar la masa cubierta hasta que doble tamaño (aprox. 1 hora).
4. Divide la masa en porciones, rellena cada una con chorizo picado y forma panecillos.
5. Coloca en una bandeja con papel para hornear, deja reposar 20 minutos.
6. Pinta con huevo batido y hornea a 200°C por 20-25 minutos o hasta dorar.

Pastel de almendra y miel

Ingredientes:

- 200 g de almendra molida
- 150 g de azúcar
- 3 huevos
- 100 g de mantequilla derretida
- 3 cucharadas de miel
- Ralladura de limón

Instrucciones:

1. Bate huevos con azúcar hasta que la mezcla blanquee.
2. Añade mantequilla derretida, miel y ralladura de limón.
3. Incorpora almendra molida y mezcla bien.
4. Vierte en molde engrasado y hornea a 180°C por 35-40 minutos.

Croissants rellenos de chocolate

Ingredientes:

- Masa de hojaldre o masa para croissants
- Chocolate para fundir o tabletas de chocolate
- 1 huevo para pintar

Instrucciones:

1. Extiende la masa y córtala en triángulos.
2. Coloca un trozo de chocolate en la base de cada triángulo.
3. Enrolla desde la base hasta la punta formando el croissant.
4. Pinta con huevo batido y hornea a 200°C por 15-20 minutos hasta dorar.

Magdalenas de zanahoria

Ingredientes:

- 200 g de harina
- 150 g de azúcar
- 3 huevos
- 150 ml de aceite
- 200 g de zanahoria rallada
- 1 cucharadita de polvo de hornear
- 1 cucharadita de canela

Instrucciones:

1. Bate huevos con azúcar hasta que estén espumosos.
2. Añade el aceite y la zanahoria rallada.
3. Incorpora harina, polvo de hornear y canela tamizados.
4. Llena moldes para magdalenas y hornea a 180°C por 20-25 minutos.

Empanadas de espinacas y ricota

Ingredientes:

- Masa para empanadas
- 300 g de espinacas cocidas y picadas
- 200 g de ricota
- 1 cebolla picada
- 1 diente de ajo picado
- Sal y pimienta
- 1 huevo para pintar

Instrucciones:

1. Sofríe la cebolla y el ajo hasta dorar. Añade las espinacas y cocina unos minutos.
2. Mezcla las espinacas con la ricota, salpimienta al gusto.
3. Rellena discos de masa con la mezcla y cierra formando empanadas.
4. Pinta con huevo batido y hornea a 200°C por 20-25 minutos hasta dorar.

www.ingramcontent.com/pod-product-compliance
Lightning Source LLC
LaVergne TN
LVHW081327060526
838201LV00055B/2499